yukismart.com/b/67aea6
AF364343
1
2

chat

แมว

maeo

chien

สุนัข

sunak

poisson

ปลา

pla

oiseau

นก

nok

poule
แม่ไก่

mae kai

coq
ไก่ตัวผู้

kaituaphu

poussin
ลูกไก่

lukkai

oeuf
ไข่

khai

vache

วัว

wua

mouton

แกะ

kae

cochon

หมู

mu

chèvre

แพะ

phae

cheval

ม้า

ma

âne

ลา

la

souris

หนู

nu

lapin

กระต่าย

kratai

dinde

ไก่งวง

kainguang

oie

ห่าน

han

paon

นกยูง

nokyung

canard
เป็ด

pet

caneton
ลูกเป็ด

luk pet

cygne
หงส์

hong

libellule
แมลงปอ

malaengpo

mouche
แมลงวัน

malaengwan

fourmi
มด

mot

fourmilier
ตัวกินมด

tuakinmot

coccinelle
แมลงเต่าทอง
malaengtaothong

ver de terre
ไส้เดือน
saiduean

limace
ทาก
thak

chenille
หนอนผีเสื้อ
nonphisuea

escargot
หอยทาก
hoithak

papillon
ผีเสื้อ
phisuea

sauterelle
ตั๊กแตน
takkataen

abeille

ผึ้ง

phueng

miel

น้ำผึ้ง

namphueng

araignée

แมงมุม

maengmum

herbe

หญ้า

ya

scarabée

ด้วง

duang

moustique

ยุง

yung

scorpion

แมงปอง

maengpong

lézard

กิ้งก่า

kingka

tortue

เต่า

tao

crabe

ปู

pu

crevette

กุ้ง

kung

homard

กุ้งมังกร

kungmangkon

baleine

วาฬ

wan

requin

ปลาฉลาม

plachalam

raie

ปลากระเบน

plakraben

dauphin

โลมา

loma

oursin
เม่นทะเล
menthale

méduse
แมงกะพรุน
maengkaphrun

calamar
ปลาหมึก
plamuek

étoile de mer

ปลาดาว

pladao

mouette

นกนางนวล

noknangnuan

mer

ทะเล

thale

pélican

นกกระทุง

nokkrathung

cormoran

นกอ้ายงั่ว

nok-aingua

coquillages

เปลือกหอย

plueakhoi

sable

ทราย

sai

éléphant

ช้าง

chang

zèbre

ม้าลาย

malai

girafe

ยีราฟ

yirap

serpent

งู

ngu

crocodile

จระเข้

chorakhe

lion

สิงโต

singto

tigre

เสือ

suea

hippopotame

ฮิปโปโปเตมัส

hippopotemat

rhinocéros

แรด

raet

guépard
เสือชีตาห์
sueachita

chameau
อูฐ
ut

antilope
ละมั่ง
lamang

flamant rose

นกฟลามิงโก้

nok fla ming ko

autruche

นกกระจอกเทศ

nokkrachokthet

cigogne

นกกระสา

nokkrasa

perroquet

นกแก้ว

nokkaeo

gorille

กอริลลา

korinla

singe

ลิง

ling

koala
โคอาล่า
kho-a la

panda
หมีแพนด้า
miphaenda

kangourou
จิงโจ้
chingcho

hérisson

เม่น

men

écureuil

กระรอก

krarok

loup

หมาป่า

mapa

renard

สุนัขจิ้งจอก

sunakchingchok

raton laveur

แรคคูน

rae

ours

หมี

mi

cerf

กวาง

kwang

aigle

นกอินทรี

nok-insi

chauve-souris

ค้างคาว

khangkhao

sanglier

หมูป่า

mupa

corbeau

อีกา

ika

hibou

นกฮูก

nokhuk

pivert
นกหัวขวาน
nokhuakhwan

putois
พังพอนเหม็น
phangphon men

taupe
ตุ่น
tun

castor
บีเวอร์
bi woe

ours polaire

หมีขั้วโลก

mikhualok

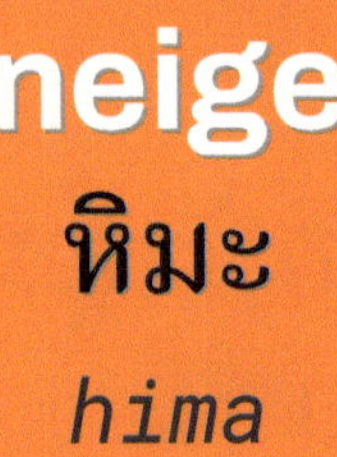

neige

หิมะ

hima

pingouin

เพนกวิน

phenkawin

chouette des neiges

นกเค้าแมวหิมะ

nokkhaomaeo hima

forêt

ปา

pa

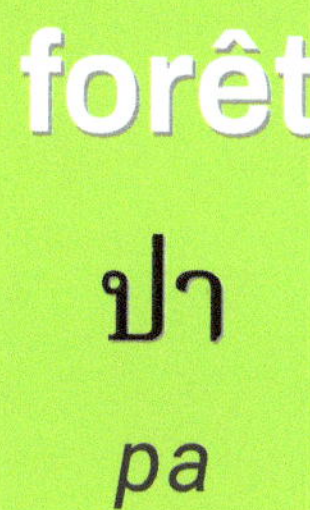

montagne

ภูเขา

phukhao

narval
วาฬนาร์วาล
wan na wan

orque
วาฬเพชฌฆาต
wanphetchakhat

morse
วอลรัส
wonrat

phoque
แมวน้ำ
maeonam

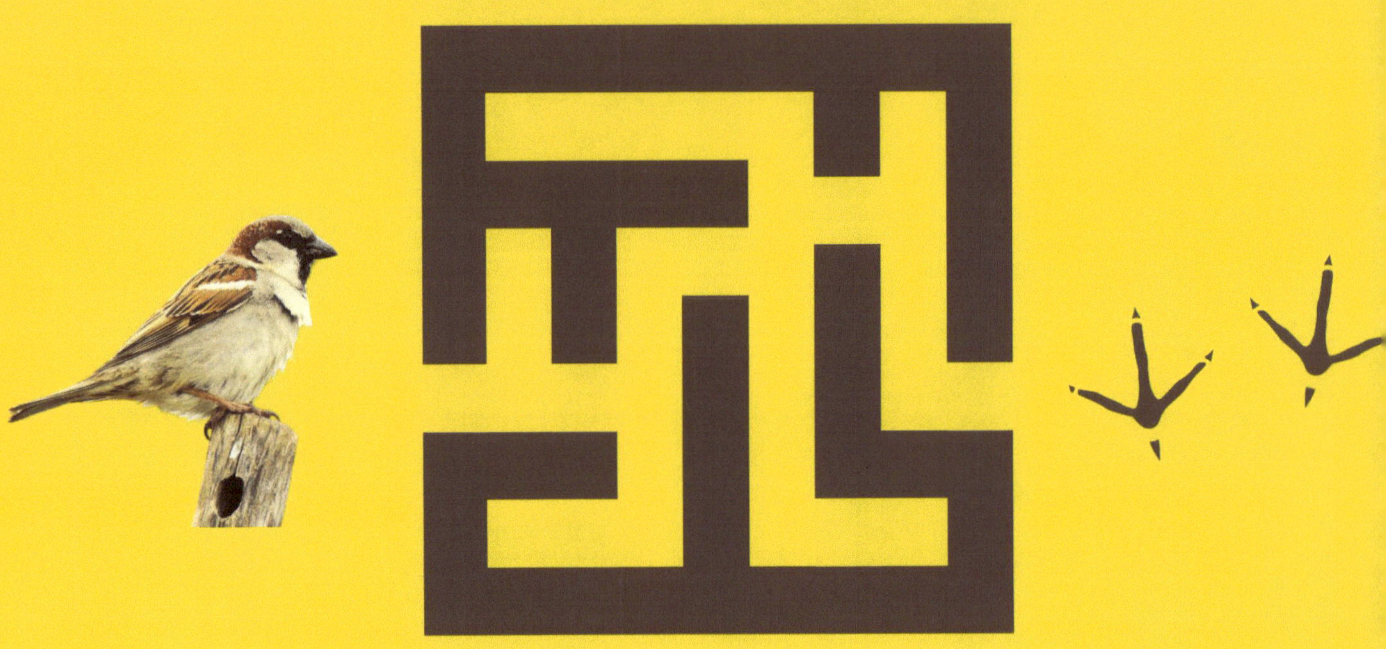